Luis de Góngora y Argote

Soledades

Barcelona 2024
Linkgua-ediciones.com

Créditos

Título original: Soledades.

© 2024, Red ediciones S.L.

e-mail: info@linkgua.com

Diseño de cubierta: Michel Mallard.

ISBN rústica ilustrada: 978-84-9007-180-9.
ISBN tapa dura: 978-84-9007-186-1.
ISBN ebook: 978-84-9897-981-7.

Sumario

Brevísima presentación

La vida

Góngora y Argote, Luis de (Córdoba, 1561-1627). España. Hijo de Francisco de Argote, quien fue juez en Madrid y más tarde fue castigado por la Inquisición, adoptó el apellido de su madre.

Perteneció a una familia ilustre de origen judío y se dice que estudió con los jesuitas, aunque fue en la biblioteca paterna donde conoció a los autores clásicos y renacentistas.

Entre 1576 y 1580 frecuentó las aulas en Salamanca. Parece que su pasión por el juego y las mujeres le impidió terminar sus estudios. Recibió las órdenes mayores cuando su tío Francisco le cedió su cargo, pero no le atrajo la vida religiosa. Prefirió relacionarse con cómicos y toreros y disfrutar de la vida.

Tras visitar varias ciudades españolas vivió en Madrid (1617) y fue nombrado capellán de Felipe III gracias a la intercesión del duque de Lerma. A la muerte de éste buscó sin éxito el apoyo del conde-duque de Olivares. Su situación económica era muy precaria debido a su adicción al juego; en 1625 tuvo que desalojar su casa, que pasó a manos de Quevedo. Murió en Córdoba acosado por sus acreedores.

La obra

Góngora no publicó su obra en vida, aunque lo intentó en 1623. Sus versos se conocieron dispersos en manuscritos o impresos en hojas sueltas. Solo aparecieron en un libro el año en que murió, en una edición que preparó Juan López de Vicuña con el título de *Obras en verso del Homero español* (1627). Después Gonzalo de Hoces hizo otra edición de *Todas las obras de don Luis de Góngora en varios poemas* (1633).

Soledades

Soledad primera

Era del año la estación florida
En que el mentido robador de Europa
(Media Luna las armas de su frente,
Y el Sol todos los rayos de su pelo),
Luciente honor del cielo,   5
En campos de zafiro pace estrellas,
Cuando el que ministrar podía la copa
A Júpiter mejor que el garzón de Ida,
Náufrago y desdeñado, sobre ausente,
Lagrimosas de amor dulces querellas   10
Da al mar, que condolido,
Fue a las ondas, fue al viento
El mísero gemido,
Segundo de Arión dulce instrumento.
Del siempre en la montaña opuesto pino   15
Al enemigo Noto,
Piadoso miembro roto,
Breve tabla, delfín no fue pequeño
Al inconsiderado peregrino,
Que a una Libia de ondas su camino   20
Fió, y su vida a un leño.
Del Océano pues antes sorbido,
Y luego vomitado
No lejos de un escollo coronado
De secos juncos, de calientes plumas,   25
Alga todo y espumas,
Halló hospitalidad donde halló nido
De Júpiter el ave.
Besa la arena, y de la rota nave

Aquella parte poca	30
Que le expuso en la playa dio a la roca;
Que aun se dejan las peñas
Lisonjear de agradecidas señas.
Desnudo el joven, cuanto ya el vestido
Océano ha bebido,	35
Restituir le hace a las arenas;
Y al Sol lo extiende luego,
Que, lamiéndolo apenas
Su dulce lengua de templado fuego,
Lento lo embiste, y con suave estilo	40
La menor onda chupa al menor hilo.
No bien pues de su luz los horizontes,
Que hacían desigual, confusamente,
Montes de agua y piélagos de montes,
Desdorados los siente,	45
Cuando, entregado el mísero extranjero
En lo que ya del mar redimió fiero,
Entre espinas crepúsculos pisando,
Riscos que aun igualara mal volando
Veloz, intrépida ala,	50
Menos cansado que confuso, escala.
Vencida al fin la cumbre,
Del mar siempre sonante,
De la muda campaña
árbitro igual e inexpugnable muro,	55
Con pie ya más seguro
Declina al vacilante
Breve esplendor del mal distinta lumbre,
Farol de una cabaña
Que sobre el ferro está en aquel incierto	60
Golfo de sombras anunciando el puerto.

«Rayos —les dice—, ya que no de Leda
Trémulos hijos, sed de mi fortuna
Término luminoso.» Y recelando
De invidiosa bárbara arboleda   65
Interposición, cuando
De vientos no conjuración alguna,
Cual haciendo el villano
La fragosa montaña fácil llano,
Atento sigue aquella   70
(Aun a pesar de las tinieblas bella,
Aun a pesar de las estrellas clara)
Piedra, indigna tiara,
Si tradición apócrifa no miente,
De animal tenebroso, cuya frente   75
Carro es brillante de nocturno día:
Tal, diligente, el paso
El joven apresura,
Midiendo la espesura
Con igual pie que el raso,   80
Fijo, a despecho de la niebla fría,
En el carbunclo, Norte de su aguja,
O el Austro brame, o la arboleda cruja.
El can ya vigilante
Convoca, despidiendo al caminante,   85
Y la que desviada
Luz poca pareció, tanta es vecina,
Que yace en ella robusta encina,
Mariposa en cenizas desatada.
Llegó pues el mancebo, y saludado,   90
Sin ambición, sin pompa de palabras,
De los conducidores fue de cabras,
Que a Vulcano tenían coronado.

«¡Oh bienaventurado
Albergue a cualquier hora,   95
Templo de Pales, alquería de Flora!
No moderno artificio
Borró designios, bosquejó modelos,
Al cóncavo ajustando de los cielos
El sublime edificio;   100
Retamas sobre robre
Tu fábrica son pobre,
Do guarda, en vez de acero,
La inocencia al cabrero
Más que el silbo al ganado.   105
¡Oh bienaventurado
Albergue a cualquier hora!
No en ti la ambición mora
Hidrópica de viento,
Ni la que su alimento   110
El áspid es gitano;
No la que, en vulto comenzando humano,
Acaba en mortal fiera,
Esfinge bachillera,
Que hace hoy a Narciso   115
Ecos solicitar, desdeñar fuentes;
Ni la que en salvas gasta impertinentes
La pólvora del tiempo más preciso;
Ceremonia profana
Que la sinceridad burla villana   120
Sobre el corvo cayado.
¡Oh bienaventurado
Albergue a cualquier hora!
Tus umbrales ignora
La adulación, sirena   125

De Reales Palacios, cuya arena
Besó ya tanto leño,
Trofeos dulces de un canoro sueño.
No a la soberbia está aquí la mentira
Dorándole los pies, en cuanto gira   130
La esfera de sus plumas,
Ni de los rayos baja a las espumas
Favor de cera alado.
¡Oh bienaventurado
Albergue a cualquier hora!»   135
No pues de aquella sierra, engendradora
Más de fierezas que de cortesía,
La gente parecía
Que hospedó al forastero
Con pecho igual de aquel candor primero   140
Que, en las selvas contento,
Tienda el fresno le dio, el robre alimento.
Limpio sayal, en vez de blanco lino,
Cubrió el cuadrado pino,
Y en boj, aunque rebelde, a quien el torno   145
Forma elegante dio sin culto adorno,
Leche que exprimir vio la alba aquel día,
Mientras perdían con ella
Los blancos lilios de su frente bella,
Gruesa le dan y fría,   150
Impenetrable casi a la cuchara,
Del sabio Alcimedón invención rara.
El que de cabras fue dos veces ciento
Esposo casi un lustro (cuyo diente
No perdonó a racimo, aun en la frente   155
De Baco, cuanto más en su sarmiento,
Triunfador siempre de celosas lides,

Lo coronó el Amor; mas rival tierno,
Breve de barba y duro no de cuerno,
Redimió con su muerte tantas vides),   160
Servido ya en cecina,
Purpúreos hilos es de grana fina.
Sobre corchos después, más regalado
Sueño le solicitan pieles blandas,
Que al Príncipe entre holandas,   165
Púrpura tiria o milanés brocado.
No de humosos vinos agravado
Es Sísifo en la cuesta, si en la cumbre
De ponderosa vana pesadumbre
Es, cuanto más despierto, más burlado.   170
De trompa militar no, o destemplado
Son de cajas fue el sueño interrumpido,
De can sí, embravecido
Contra la seca hoja
Que el viento repeló a alguna coscoja.   175
Durmió, y recuerda al fin cuando las aves,
Esquilas dulces de sonora pluma,
Señas dieron suaves
Del Alba al Sol, que el pabellón de espuma
Dejó, y en su carroza   180
Rayó el verde obelisco de la choza.
Agradecido pues el peregrino,
Deja el albergue, y sale acompañado
De quien lo lleva donde levantado,
Distante pocos pasos del camino,   185
Imperioso mira la campaña
Un escollo apacible, galería
Que festivo teatro fue algún día
De cuantos pisan Faunos la montaña.

Llegó y, a vista tanta   190
Obedeciendo la dudosa planta,
Inmóvil se quedó sobre un lentisco,
Verde balcón del agradable risco.
Si mucho poco mapa le despliega,
Mucho es más lo que, nieblas desatando,   195
Confunde el Sol y la distancia niega.
Muda la admiración habla callando,
Y ciega un río sigue que, luciente
De aquellos montes hijo,
Con torcido discurso, aunque prolijo,   200
Tiraniza los campos útilmente;
Orladas sus orillas de frutales,
Quiere la Copia que su cuerno sea,
Si al animal armaron de Amaltea
Diáfanos cristales;   205
Engazando edificios en su plata,
De muros se corona,
Rocas abraza, islas aprisiona,
De la alta gruta donde se desata
Hasta los jaspes líquidos, adonde   210
Su orgullo pierde y su memoria esconde.
«Aquéllas que los árboles apenas
Dejan ser torres hoy, dijo el cabrero
Con muestras de dolor extraordinarias,
Las estrellas nocturnas luminarias   215
Eran de sus almenas,
Cuando el que ves sayal fue limpio acero.
Yacen ahora, y sus desnudas piedras
Visten piadosas yedras,
Que a ruinas y a estragos   220
Sabe el tiempo hacer verdes halagos.»

Con gusto el joven y atención le oía,
Cuando torrente de armas y de perros,
Que si precipitados no los cerros,
Las personas tras de un lobo traía,   225
Tierno discurso y dulce compañía
Dejar hizo al serrano,
Que del sublime espacioso llano
Al huésped al camino reduciendo,
Al venatorio estruendo,   230
Pasos dando veloces,
Número crece y multiplica voces.
Bajaba entre sí el joven admirando
Armado a Pan, o semicapro a Marte,
En el pastor mentidos, que con arte   235
Culto principio dio al discurso, cuando
Rémora de sus pasos fue su oído,
Dulcemente impedido
De canoro instrumento, que pulsado
Era de una serrana junto a un tronco,   240
Sobre un arroyo de quejarse ronco,
Mudo sus ondas, cuando no enfrenado.
Otra con ella montaraz zagala
Juntaba el cristal líquido al humano
Por el arcaduz bello de una mano   245
Que al uno menosprecia, al otro iguala.
Del verde margen otra las mejores
Rosas traslada y lilios al cabello,
O por lo matizado o por lo bello,
Si Aurora no con rayos, Sol con flores.   250
Negras pizarras entre blancos dedos
Ingeniosa hiere otra, que dudo
Que aun los peñascos la escucharan quedos.

Al son pues deste rudo
Sonoroso instrumento,   255
Lasciva el movimiento,
Mas los ojos honesta,
Altera otra bailando la floresta.
Tantas al fin el arroyuelo, y tantas
Montañesas da el prado, que dirías   260
Ser menos las que verdes Hamadrías
Abortaron las plantas:
Inundación hermosa
Que la montaña hizo populosa
De sus aldeas todas   265
A pastorales bodas.
De una encina embebido
En lo cóncavo, el joven mantenía
La vista de hermosura, y el oído
De métrica armonía.   270
El Sileno buscaba
De aquellas que la sierra dio Bacantes,
Ya que Ninfas las niega ser errantes
El hombro sin aljaba,
O si del Termodonte,   275
émulo del arroyuelo desatado
De aquel fragoso monte,
Escuadrón de Amazonas desarmado
Tremola en sus riberas
Pacíficas banderas.   280
Vulgo lascivo erraba
Al voto del mancebo,
El yugo de ambos sexos sacudido,
Al tiempo que, de flores impedido
El que ya serenaba   285

La región de su frente rayo nuevo,
Purpúrea terneruela, conducida
De su madre, no menos enramada,
Entre albogues se ofrece, acompañada
De juventud florida.   290
Cuál dellos las pendientes sumas graves
De negras baja, de crestadas aves,
Cuyo lascivo esposo vigilante
Doméstico es del Sol nuncio canoro,
Y de coral barbado, no de oro   295
Ciñe, sino de púrpura, turbante.
Quién la cerviz oprime
Con la manchada copia
De los cabritos más retozadores,
Tan golosos, que gime   300
El que menos peinar puede las flores
De su guirnalda propia.
No el sitio, no, fragoso,
No el torcido taladro de la tierra,
Privilegió en la sierra   305
La paz del conejuelo temeroso;
Trofeo ya su número es a un hombro,
Si carga no y asombro.
Tú, ave peregrina,
Arrogante esplendor, ya que no bello,   310
Del último Occidente,
Penda el rugoso nácar de tu frente
Sobre el crespo zafiro de tu cuello,
Que Himeneo a sus mesas te destina.
Sobre dos hombros larga vara ostenta   315
En cien aves cien picos de rubíes,
Tafiletes calzadas carmesíes,

Emulación y afrenta
Aun de los berberiscos,
En la inculta región de aquellos riscos.   320
Lo que lloró la Aurora,
Si es néctar lo que llora,
Y, antes que el Sol, enjuga
La abeja que madruga
A libar flores y a chupar cristales,   325
En celdas de oro líquido, en panales
La orza contenía
Que un montañés traía.
No excedía la oreja
El pululante ramo   330
Del ternezuelo gamo,
Que mal llevar se deja,
Y con razón, que el tálamo desdeña
La sombra aun de lisonja tan pequeña.
El arco del camino pues torcido,   335
Que habían con trabajo
Por la fragosa cuerda del atajo
Las gallardas serranas desmentido,
De la cansada juventud vencido,
Los fuertes hombros con las cargas graves, 340
Treguas hechas suaves,
Sueño le ofrece a quien buscó descanso
El ya sañudo arroyo, ahora manso.
Merced de la hermosura que ha hospedado,
Efectos, si no dulces, del concento   345
Que, en las lucientes de marfil clavijas,
Las duras cuerdas de las negras guijas
Hicieron a su curso acelerado,
En cuanto a su furor perdonó el viento.

Menos en renunciar tardó la encina   350
El extranjero errante,
Que en reclinarse el menos fatigado
Sobre la grana que se viste fina
Su bella amada, deponiendo amante
En las vestidas rosas su cuidado.   355
Saludolos a todos cortésmente,
Y, admirado no menos
De los serranos que correspondido,
Las sombras solicita de unas peñas.
De lágrimas los tiernos ojos llenos,   360
Reconociendo el mar en el vestido
(Que beberse no pudo el Sol ardiente
Las que siempre dará cerúleas señas),
Político serrano,
De canas grave, habló desta manera: 365
«¿Cuál tigre, la más fiera
Que clima infamó hircano,
Dio el primer alimento
Al que, ya deste o de aquel mar, primero
Surcó, labrador fiero,   370
El campo undoso en mal nacido pino,
Vaga Clicie del viento,
En telas hecho, antes que en flor, el lino?
Más armas introdujo este marino
Monstruo, escamado de robustas hayas,   375
A las que tanto mar divide playas,
Que confusión y fuego
Al frigio muro el otro leño griego.
Náutica industria investigó tal piedra,
Que, cual abraza yedra   380
Escollo, el metal ella fulminante

De que Marte se viste y, lisonjera,
Solicita el que más brilla diamante
En la nocturna capa de la esfera,
Estrella a nuestro Polo más vecina;   385
Y, con virtud no poca,
Distante le revoca,
Elevada la inclina
Ya de la Aurora bella
Al rosado balcón, ya a la que sella,   390
Cerúlea tumba fría,
Las cenizas del día.
En esta pues fiándose atractiva,
Del Norte amante dura, alado roble,
No hay tormentoso cabo que no doble,   395
Ni isla hoy a su vuelo fugitiva.
Tifis el primer leño mal seguro
Condujo, muchos luego Palinuro;
Si bien por un mar ambos, que la tierra
Estanque dejó hecho,   400
Cuyo famoso estrecho
Una y otra de Alcides llave cierra.
Piloto hoy la Codicia, no de errantes
árboles, mas de selvas inconstantes,
Al padre de las aguas Océano   405
(De cuya monarquía
El Sol, que cada día
Nace en sus ondas y en sus ondas muere,
Los términos saber todos no quiere)
Dejó primero de su espuma cano,   410
Sin admitir segundo
En inculcar sus límites al mundo.
Abetos suyos tres aquel tridente

Violaron a Neptuno,
Conculcado hasta allí de otro ninguno,   415
Besando las que al Sol el Occidente
Le corre en lecho azul de aguas marinas,
Turquesadas cortinas.
A pesar luego de áspides volantes,
Sombra del Sol y tósigo del viento,   420
De Caribes flechados, sus banderas
Siempre gloriosas, siempre tremolantes,
Rompieron los que armó de plumas ciento
Lestrigones el istmo, aladas fieras;
El istmo que al Océano divide,   425
Y, sierpe de cristal, juntar le impide
La cabeza, del Norte coronada,
Con la que ilustra el Sur cola escamada
De antárticas estrellas.
Segundos leños dio a segundo Polo   430
En nuevo mar, que le rindió no solo
Las blancas hijas de sus conchas bellas,
Mas los que lograr bien no supo Midas
Metales homicidas.
No le bastó después a este elemento   435
Conducir orcas, alistar ballenas,
Murarse de montañas espumosas,
Infamar blanqueando sus arenas
Con tantas del primer atrevimiento
Señas, aun a los buitres lastimosas,   440
Para con estas lastimosas señas
Temeridades enfrenar segundas.
Tú, Codicia, tú, pues, de las profundas
Estigias aguas torpe marinero,
Cuantos abre sepulcros el mar fiero   445

A tus huesos desdeñas.
El promontorio que Éolo sus rocas
Candados hizo de otras nuevas grutas
Para el Austro de alas nunca enjutas,
Para el Cierzo espirante por cien bocas,   450
Doblaste alegre, y tu obstinada entena
Cabo lo hizo de Esperanza Buena.
Tantos luego astronómicos presagios
Frustrados, tanta náutica doctrina,
Debajo de la zona más vecina   455
Al Sol, calmas vencidas y naufragios,
Los reinos de la Aurora al fin besaste,
Cuyos purpúreos senos perlas netas,
Cuyas minas secretas
Hoy te guardan su más precioso engaste.   460
La aromática selva penetraste,
Que al pájaro de Arabia (cuyo vuelo
Arco alado es del cielo,
No corvo, mas tendido)
Pira le erige, y le construye nido.   465
Zodíaco después fue cristalino
A glorioso pino,
émulo vago del ardiente coche
Del Sol, este elemento,
Que cuatro veces había sido ciento   470
Dosel al día y tálamo a la noche,
Cuando halló de fugitiva plata
La bisagra, aunque estrecha, abrazadora
De un Océano y otro, siempre uno,
O las columnas bese o la escarlata,   475
Tapete de la Aurora.
Esta pues nave, ahora

En el húmido templo de Neptuno
Varada pende a la inmortal memoria
Con nombre de Victoria.   480
De firmes islas no la inmóvil flota
En aquel mar del Alba te describo,
Cuyo número, ya que no lascivo,
Por lo bello, agradable y por lo vario
La dulce confusión hacer podía,   485
Que en los blancos estanques del Eurota
La virginal desnuda montería,
Haciendo escollos o de mármol pario
O de terso marfil sus miembros bellos,
Que pudo bien Acteón perderse en ellos.   490
El bosque dividido en islas pocas,
Fragante productor de aquel aroma
Que, traducido mal por el Egito,
Tarde lo encomendó el Nilo a sus bocas,
Y ellas más tarde a la gulosa Grecia,   495
Clavo no, espuela sí del apetito,
Que cuanto en concocelle tardó Roma
Fue templado Catón, casta Lucrecia,
Quédese, amigo, en tan inciertos mares,
Donde con mi hacienda   500
Del alma se quedó la mejor prenda,
Cuya memoria es buitre de pesares.»
En suspiros con esto,
Y en más anegó lágrimas el resto
De su discurso el montañés prolijo,   505
Que el viento su caudal, el mar su hijo.
Consolalle pudiera el peregrino
Con las de su edad corta historias largas,
Si, vinculados todos a sus cargas

Cual próvidas hormigas a sus mieses,   510
No comenzaran ya los montañeses
A esconder con el número el camino,
Y el cielo con el polvo. Enjugó el viejo
Del tierno humor las venerables canas,
Y levantando al forastero, dijo: 515
«Cabo me han hecho, hijo,
Deste hermoso tercio de serranas;
Si tu neutralidad sufre consejo,
Y no te fuerza obligación precisa,
La piedad que en mi alma ya te hospeda   520
Hoy te convida al que nos guarda sueño
Política alameda,
Verde muro de aquel lugar pequeño
Que, a pesar de esos fresnos, se divisa;
Sigue la femenil tropa conmigo: 525
Verás curioso y honrarás testigo
El tálamo de nuestros labradores,
Que de tu calidad señas mayores
Me dan que del Océano tus paños,
O razón falta donde sobran años.»   530
Mal pudo el extranjero, agradecido,
En tercio tal negar tal compañía
Y en tan noble ocasión tal hospedaje.
Alegres pisan la que, si no era
De chopos calle y de álamos carrera,   535
El fresco de los céfiros ruido,
El denso de los árboles celaje
En duda ponen cuál mayor hacía
Guerra al calor o resistencia al día.
Coros tejiendo, voces alternando,   540
Sigue la dulce escuadra montañesa

Del perezoso arroyo el paso lento,
En cuanto él hurta blando,
Entre los olmos que robustos besa,
Pedazos de cristal, que el movimiento   545
Libra en la falda, en el coturno ella,
De la coluna bella,
Ya que celosa basa,
Dispensadora del cristal no escasa.
Sirenas de los montes su concento,   550
A la que menos del sañudo viento
Pudiera antigua planta
Temer ruina o recelar fracaso,
Pasos hiciera dar el menor paso
De su pie o su garganta.   555
Pintadas aves, cítaras de pluma,
Coronaban la bárbara capilla,
Mientras el arroyuelo para oílla
Hace de blanca espuma
Tantas orejas cuantas guijas lava,   560
De donde es fuente a donde arroyo acaba.
Vencedores se arrogan los serranos
Los consignados premios otro día,
Ya al formidable salto, ya a la ardiente
Lucha, ya a la carrera polvorosa.   565
El menos ágil, cuantos comarcanos
Convoca el caso él solo desafía,
Consagrando los palios a su esposa,
Que a mucha fresca rosa
Beber el sudor hace de su frente,   570
Mayor aún del que espera
En la lucha, en el salto, en la carrera.
Centro apacible un círculo espacioso

A más caminos que una estrella rayos
Hacía, bien de pobos, bien de alisos,   575
Donde la Primavera,
Calzada abriles y vestida mayos,
Centellas saca de cristal undoso
A un pedernal orlado de narcisos.
Este pues centro era   580
Meta umbrosa al vaquero convecino,
Y delicioso término al distante,
Donde, aún cansado más que el caminante,
Concurría el camino.
Al concento se abaten cristalino   585
Sedientas las serranas,
Cual simples codornices al reclamo
Que les miente la voz, y verde cela
Entre la no espigada mies la tela.
Músicas hojas viste el menor ramo   590
Del álamo que peina verdes canas;
No céfiros en él, no ruiseñores
Lisonjear pudieron breve rato
Al montañés que, ingrato
Al fresco, a la armonía y a las flores,   595
Del sitio pisa ameno
La fresca hierba cual la arena ardiente
De la Libia, y a cuantas da la fuente
Sierpes de aljófar, aún mayor veneno
Que a las del Ponto tímido atribuye,   600
Según el pie, según los labios huye.
Pasaron todos pues, y regulados
Cual en los Equinocios surcar vemos
Los piélagos del aire libre algunas
Volantes no galeras,   605

Sino grullas veleras,
Tal vez creciendo, tal menguando lunas
Sus distantes extremos,
Caracteres tal vez formando alados
En el papel diáfano del cielo   610
Las plumas de su vuelo.
Ellas en tanto en bóvedas de sombras,
Pintadas siempre al fresco,
Cubren las que Sidón, telar turquesco,
No ha sabido imitar verdes alfombras.   615
Apenas reclinaron la cabeza
Cuando, en número iguales y en belleza,
Los márgenes matiza de las fuentes
Segunda primavera de villanas,
Que parientas del novio aún más cercanas   620
Que vecinos sus pueblos, de presentes
Prevenidas, concurren a las bodas.
Mezcladas hacen todas
Teatro dulce, no de escena muda,
El apacible sitio: espacio breve   625
En que, a pesar del Sol, cuajada nieve,
Y nieve de colores mil vestida,
La sombra vio florida
En la hierba menuda.
Viendo pues que igualmente les quedaba   630
Para el lugar a ellas de camino
Lo que al Sol para el lóbrego Occidente,
Cual de aves se caló turba canora
A robusto nogal que acequia lava
En cercado vecino,   635
Cuando a nuestros Antípodas la Aurora
Las rosas gozar deja de su frente,

Tal sale aquella que sin alas vuela
Hermosa escuadra con ligero paso,
Haciéndole atalayas del Ocaso   640
Cuantos humeros cuenta la aldehuela.
El lento escuadrón luego
Alcanzan de serranos,
Y disolviendo allí la compañía,
Al pueblo llegan con la luz que el día   645
Cedió al sacro volcán de errante fuego,
A la torre de luces coronada
Que el templo ilustra, y a los aires vanos
Artificiosamente da exhalada
Luminosas de pólvora saetas,   650
Purpúreos no cometas.
Los fuegos pues el joven solemniza,
Mientras el viejo tanta acusa tea
Al de las bodas Dios, no alguna sea
De nocturno Faetón carroza ardiente,   655
Y miserablemente
Campo amanezca estéril de ceniza
La que anocheció aldea.
De Alcides le llevó luego a las plantas,
Que estaban no muy lejos,   660
Trenzándose el cabello verde a cuantas
Da el fuego luces y el arroyo espejos.
Tanto garzón robusto,
Tanta ofrecen los álamos zagala,
Que abreviara el Sol en una estrella,   665
Por ver la menos bella,
Cuantos saluda rayos el Bengala,
Del Ganges cisne adusto.
La gaita al baile solicita el gusto,

A la voz el salterio;   670
Cruza el Trión más fijo el Hemisferio,
Y el tronco mayor danza en la ribera;
El eco, voz ya entera,
No hay silencio a que pronto no responda;
Fanal es del arroyo cada onda,   675
Luz el reflejo, la agua vidriera.
Términos le da el sueño al regocijo,
Mas al cansancio no, que el movimiento
Verdugo de las fuerzas es prolijo.
Los fuegos (cuyas lenguas ciento a ciento   680
Desmintieron la noche algunas horas,
Cuyas luces, del Sol competidoras,
Fingieron día en la tiniebla oscura)
Murieron, y en sí mismos sepultados,
Sus miembros, en cenizas desatados,   685
Piedras son de su misma sepultura.
Vence la noche al fin, y triunfa mudo
El silencio, aunque breve, del ruido.
Solo gime ofendido
El sagrado laurel del hierro agudo.   690
Deja de su esplendor, deja desnudo
De su frondosa pompa al verde aliso
El golpe no remiso
Del villano membrudo.
El que resistir pudo   695
Al animoso Austro, al Euro ronco,
Chopo gallardo, cuyo liso tronco
Papel fue de pastores, aunque rudo,
A revelar secretos va a la aldea,
Que impide Amor que aun otro chopo lea.   700
Estos árboles pues ve la mañana

Mentir florestas y emular viales,
Cuantos muró de líquidos cristales
Agricultura urbana.
Recordó al Sol no de su espuma cana   705
La dulce de las aves armonía,
Sino los dos topacios que batía,
Orientales aldabas, Himeneo.
Del carro pues febeo
El luminoso tiro,   710
Mordiendo oro, el eclíptico zafiro
Pisar quería, cuando el populoso
Lugarillo el serrano
Con su huésped, que admira cortesano,
A pesar del estambre y de la seda,   715
El que tapiz frondoso
Tejió de verdes hojas la arboleda,
Y los que por las calles espaciosas
Fabrican arcos, rosas,
Oblicuos nuevos, pénsiles jardines,   720
De tantos como víolas jazmines.
Al galán novio el montañés presenta
Su forastero; luego al venerable
Padre de la que en sí bella se esconde
Con ceño dulce y, con silencio afable,   725
Beldad parlera, gracia muda ostenta,
Cual del rizado verde botón, donde
Abrevia su hermosura virgen rosa,
Las cisuras cairela
Un color que la púrpura que cela   730
Por brújula concede vergonzosa.
Digna la juzga esposa
De un héroe, si no augusto, esclarecido,

El joven, al instante arrebatado
A la que, naufragante y desterrado,   735
Le condenó a su olvido.
Este pues Sol que a olvido le condena,
Cenizas hizo las que su memoria
Negras plumas vistió, que infelizmente
Sordo engendran gusano, cuyo diente,   740
Minador antes lento de su gloria,
Inmortal arador fue de su pena,
Y en la sombra no más de la azucena,
Que del clavel procura acompañada
Imitar en la bella labradora   745
El templado color de la que adora,
Víbora pisa tal el pensamiento,
Que el alma, por los ojos desatada,
Señas diera de su arrebatamiento,
Si de zampoñas ciento   750
Y de otros, aunque bárbaros, sonoros
Instrumentos, no en dos festivos coros
Vírgenes bellas, jóvenes lucidos,
Llegaran conducidos.
El numeroso al fin de labradores   755
Concurso impaciente
Los novios saca: él, de años floreciente,
Y de caudal más floreciente que ellos;
Ella, la misma pompa de las flores,
La esfera misma de los rayos bellos.   760
El lazo de ambos cuellos
Entre un lascivo enjambre iba de amores
Himeneo añudando,
Mientras invocan su deidad la alterna
De zagalejas cándidas voz tierna   765

Y de garzones este acento blando:

Coro I   «Ven, Himeneo, ven donde te espera,
         Con ojos y sin alas, un Cupido
         Cuyo cabello intonso dulcemente
         Niega el vello que el vulto ha colorido: 770
         El vello, flores de su primavera,
         Y rayos el cabello de su frente.
         Niño amó la que adora adolescente,
         Villana Psiques, Ninfa labradora
         De la tostada Ceres. Ésta ahora,   775
         En los inciertos de su edad segunda
         Crepúsculos, vincule tu coyunda
         A su ardiente deseo.
         Ven, Himeneo, ven; ven, Himeneo.»

Coro II «Ven, Himeneo, donde entre arreboles   780
         De honesto rosicler, previene el día,
         Aurora de sus ojos soberanos,
         Virgen tan bella, que hacer podría
         Tórrida la Noruega con dos soles,
         Y blanca la Etiopia con dos manos.   785
         Claveles del abril, rubíes tempranos,
         Cuantos engasta el oro del cabello,
         Cuantas (del uno ya y del otro cuello
         Cadenas) la concordia engarza rosas,
         De sus mejillas siempre vergonzosas   790
         Purpúreo son trofeo.
         Ven, Himeneo, ven; ven, Himeneo.»

Coro I   «Ven, Himeneo, y plumas no vulgares
         Al aire los hijuelos den alados

De las que el bosque bellas Ninfas cela;   795
De sus carcajes, éstos, argentados,
Flechen mosquetas, nieven azahares;
Vigilantes aquéllos, la aldehuela
Rediman del que más o tardo vuela,
O infausto gime pájaro nocturno;   800
Mudos coronen otros por su turno
El dulce lecho conyugal, en cuanto
Lasciva abeja al virginal acanto
Néctar le chupa hibleo.
Ven, Himeneo, ven; ven, Himeneo.»   805

Coro II   «Ven, Himeneo, y las volantes pías
Que azules ojos con pestañas de oro
Sus plumas son, conduzgan alta diosa,
Gloria mayor del soberano coro.
Fíe tus nudos ella, que los días   810
Disuelvan tarde en senectud dichosa,
Y la que Juno es hoy a nuestra esposa,
Casta Lucina, en lunas desiguales
Tantas veces repita sus umbrales,
Que Níobe inmortal la admire el mundo,   815
No en blanco mármol, por su mal fecundo,
Escollo hoy de Leteo.
Ven, Himeneo, ven; ven, Himeneo.»

Coro I   «Ven, Himeneo, y nuestra agricultura
De copia tal a estrellas deba amigas   820
Progenie tan robusta, que su mano
Toros dome, y de un rubio mar de espigas
Inunde liberal la tierra dura;
Y al verde, joven, floreciente llano

Blancas ovejas suyas hagan cano   825
En breves horas caducar la hierba.
Oro le expriman líquido a Minerva,
Y, los olmos casando con las vides,
Mientras coronan pámpanos a Alcides,
Clava empuñe Lieo.   830
Ven, Himeneo, ven; ven, Himeneo.»

Coro II   «Ven, Himeneo, y tantas le dé a Pales
Cuantas a Palas dulces prendas ésta,
Apenas hija hoy, madre mañana.
De errantes lilios unas la floresta   835
Cubran, corderos mil que los cristales
Vistan del río en breve undosa lana;
De Aracnes otras la arrogancia vana
Modestas acusando en blancas telas,
No los hurtos de Amor, no las cautelas   840
De Júpiter compulsen; que, aun en lino,
Ni a la pluvia luciente de oro fino,
Ni al blanco cisne creo.
Ven, Himeneo, ven; ven, Himeneo.»
El dulce alterno canto   845
A sus umbrales revocó felices
Los novios del vecino templo santo.
Del yugo aún no domadas las cervices,
Novillos (breve término surcado)
Restituyen así el pendiente arado   850
Al que pajizo albergue los aguarda.
Llegaron todos pues, y, con gallarda
Civil magnificencia, el suegro anciano,
Cuantos la sierra dio, cuantos dio el llano,
Labradores convida   855

A la prolija rústica comida,
Que sin rumor previno en mesas grandes.
Ostente crespas blancas esculturas
Artífice gentil de dobladuras
En los que damascó manteles Flandes,   860
Mientras casero lino Ceres tanta
Ofrece ahora, cuantos guardó el heno
Dulces pomos, que al curso de Atalanta
Fueran dorado freno.
Manjares que el veneno   865
Y el apetito ignoran igualmente
Les sirvieron; y en oro no luciente,
Confuso Baco, ni en bruñida plata,
Su néctar les desata,
Sino en vidrio topacios carmesíes   870
Y pálidos rubíes.
Sellar del fuego quiso regalado
Los gulosos estómagos el rubio
Imitador suave de la cera,
Quesillo dulcemente apremiado   875
De rústica, vaquera,
Blanca, hermosa mano, cuyas venas
La distinguieron de la leche apenas;
Mas ni la encarcelada nuez esquiva,
Ni el membrillo pudieran anudado,   880
Si la sabrosa oliva
No serenara el bacanal diluvio.
Levantadas las mesas, al canoro
Son de la Ninfa un tiempo, ahora caña,
Seis de los montes, seis de la campaña   885
(Sus espaldas rayando el sutil oro
Que negó al viento el nácar bien tejido),

Terno de gracias bello, repetido
Cuatro veces en doce labradoras,
Entró bailando numerosamente;   890
Y dulce Musa entre ellas, si consiente
Bárbaras el Parnaso moradoras:
«Vivid felices —dijo—,
Largo curso de edad nunca prolijo;
Y si prolijo, en nudos amorosos   895
Siempre vivid esposos.
Venza no solo en su candor la nieve,
Mas plata en su esplendor sea cardada
Cuanto estambre vital Cloto os traslada
De la alta fatal rueca al huso breve.   900
Sean de la Fortuna
Aplausos la respuesta
De vuestras granjerías.
A la reja importuna,
A la azada molesta   905
Fecundo os rinda, en desiguales días,
El campo agradecido
Oro trillado y néctar exprimido.
Sus morados cantuesos, sus copadas
Encinas la montaña contar antes   910
Deje que vuestras cabras, siempre errantes,
Que vuestras vacas, tarde o nunca herradas.
Corderillos os brote la ribera,
Que la hierba menuda
Y las perlas exceda del rocío   915
Su número, y del río
La blanca espuma, cuantos la tijera
Vellones les desnuda.
Tantos de breve fábrica, aunque ruda,

Albergues vuestros las abejas moren,   920
Y Primaveras tantas os desfloren,
Que, cual la Arabia madre ve de aromas
Sacros troncos sudar fragantes gomas,
Vuestros corchos por uno y otro poro
En dulce se desaten líquido oro.   925
Próspera, al fin, mas no espumosa tanto
Vuestra fortuna sea,
Que alimenten la invidia en nuestra aldea
áspides más que en la región del llanto.
Entre opulencias y necesidades   930
Medianías vinculen competentes
A vuestros descendientes,
Previniendo ambos daños las edades;
Ilustren obeliscos las ciudades,
A los rayos de Júpiter expuesta,   935
Aún más que a los de Febo, su corona,
Cuando a la choza pastoral perdona
El cielo, fulminando la floresta.
Cisnes pues una y otra pluma, en esta
Tranquilidad os halle labradora   940
La postrimera hora,
Cuya lámina cifre desengaños,
Que en letras pocas lean muchos años.»
Del himno culto dio el último acento
Fin mudo al baile, al tiempo que seguida   945
La novia sale de villanas ciento
A la verde florida palizada,
Cual nueva Fénix en flamantes plumas,
Matutinos del Sol rayos vestida,
De cuanta surca el aire acompañada   950
Monarquía canora;

Y, vadeando nubes, las espumas
Del Rey corona de los otros ríos,
En cuya orilla el viento hereda ahora
Pequeños no vacíos   955
De funerales bárbaros trofeos
Que el Egipto erigió a sus Ptolomeos.
Los árboles que el bosque habian fingido,
Umbroso coliseo ya formando,
Despejan el ejido,   960
Olímpica palestra
De valientes desnudos labradores.
Llegó la desposada apenas, cuando
Feroz ardiente muestra
Hicieron dos robustos luchadores   965
De sus músculos, menos defendidos
Del blanco lino que del vello oscuro.
Abrazáronse pues los dos, y luego,
Humo anhelando el que no suda fuego,
De recíprocos nudos impedidos,   970
Cual duros olmos de implicantes vides,
Yedra el uno es tenaz del otro muro;
Mañosos, al fin, hijos de la tierra,
Cuando fuertes no Alcides,
Procuran derribarse, y derribados,   975
Cual pinos se levantan arraigados
En los profundos senos de la sierra.
Premio los honra igual, y de otros cuatro
Ciñe las sienes gloriosa rama,
Con que se puso término a la lucha.   980
Las dos partes rayaba del teatro
El Sol, cuando arrogante joven llama
Al expedido salto

La bárbara corona que le escucha.
Arras del animoso desafío   985
Un pardo gabán fue en el verde suelo,
A quien se abaten ocho o diez soberbios
Montañeses, cual suele de lo alto
Calarse turba de invidiosas aves
A los ojos de Ascálafo, vestido   990
De perezosas plumas. Quién, de graves
Piedras las duras manos impedido,
Su agilidad pondera; quién sus nervios
Desata estremeciéndose gallardo.
Besó la raya pues el pie desnudo   995
Del suelto mozo, y con airoso vuelo
Pisó del viento lo que del ejido
Tres veces ocupar pudiera un dardo.
La admiración, vestida un mármol frío,
Apenas arquear las cejas pudo;   1000
La emulación, calzada un duro hielo,
Torpe se arraiga. Bien que impulso noble
De gloria, aunque villano, solicita
A un vaquero de aquellos montes, grueso,
Membrudo, fuerte roble,   1005
Que, ágil a pesar de lo robusto,
Al aire se arrebata, violentando
Lo grave tanto, que lo precipita,
Ícaro montañés, su mismo peso
De la menuda hierba el seno blando   1010
Piélago duro hecho a su ruina.
Si no tan corpulento, más adusto
Serrano le sucede,
Que iguala y aun excede
Al ayuno leopardo,   1015

Al corcillo travieso, al muflón sardo
Que de las rocas trepa a la marina,
Sin dejar ni aun pequeña
Del pie ligero bipartida seña.
Con más felicidad que el precedente,   1020
Pisó las huellas casi del primero
El adusto vaquero.
Pasos otro dio al aire, al suelo coces.
Y premiados graduadamente,
Advocaron a sí toda la gente,   1025
Cierzos del llano y austros de la sierra,
Mancebos tan veloces,
Que cuando Ceres más dora la tierra,
Y argenta el mar desde sus grutas hondas
Neptuno sin fatiga,   1030
Su vago pie de pluma
Surcar pudiera mieses, pisar ondas,
Sin inclinar espiga,
Sin violar espuma.
Dos veces eran diez, y dirigidos   1035
A dos olmos que quieren, abrazados,
Ser palios verdes, ser frondosas metas,
Salen cual de torcidos
Arcos, o nerviosos o acerados,
Con silbo igual, dos veces diez saetas.   1040
No el polvo desparece
El campo, que no pisan alas hierba;
Es el más torpe una herida cierva,
El más tardo la vista desvanece,
Y, siguiendo al más lento,   1045
Cojea el pensamiento.
El tercio casi de una milla era

La prolija carrera
Que los hercúleos troncos hace breves,
Pero las plantas leves   1050
De tres sueltos zagales
La distancia sincopan tan iguales,
Que la atención confunden judiciosa.
De la Peneida virgen desdeñosa,
Los dulces fugitivos miembros bellos   1055
En la corteza no abrazó reciente
Más firme Apolo, más estrechamente,
Que de una y otra meta gloriosa
Las duras basas abrazaron ellos
Con triplicado nudo.   1060
Árbitro Alcides en sus ramas, dudo
Que el caso decidiera,
Bien que su menor hoja un ojo fuera
Del lince más agudo.
En tanto pues que el palio neutro pende   1065
Y la carroza de la luz desciende
A templarse en las ondas, Himeneo,
Por templar en los brazos el deseo
Del galán novio, de la esposa bella,
Los rayos anticipa de la estrella,   1070
Cerúlea ahora, ya purpúrea guía
De los dudosos términos del día.
El juicio, al de todos indeciso,
Del concurso ligero,
El padrino con tres de limpio acero   1075
Cuchillos corvos absolvello quiso.
Solícita Junón, Amor no omiso,
Al son de otra zampoña, que conduce
Ninfas bellas y sátiros lascivos,

Los desposados a su casa vuelven,   1080
Que coronada luce
De estrellas fijas, de astros fugitivos,
Que en sonoroso humo se resuelven.
Llegó todo el lugar, y despedido,
Casta Venus, que el lecho ha prevenido   1085
De las plumas que baten más suaves
En su volante carro blancas aves,
Los novios entra en dura no estacada;
Que, siendo Amor una deidad alada,
Bien previno la hija de la espuma   1090
A batallas de amor campo de pluma.

Soledad segunda

Éntrase el mar por un arroyo breve
Que a recibillo con sediento paso
De su roca natal se precipita,
Y mucha sal no solo en poco vaso,
Mas su ruina bebe,   5
Y su fin (cristalina mariposa,
No alada, sino undosa)
En el farol de Tetis solicita.
Muros desmantelando pues de arena,
Centauro ya espumoso el Océano,   10
Medio mar, medio ría,
Dos veces huella la campaña al día,
Escalar pretendiendo el monte en vano,
De quien es dulce vena
El tarde ya torrente   15
Arrepentido, y aun retrocediente.
Eral lozano así, novillo tierno,
De bien nacido cuerno
Mal lunada la frente,
Retrógrado cedió en desigual lucha   20
A duro toro, aun contra el viento armado;
No pues de otra manera
A la violencia mucha
Del Padre de las aguas, coronado
De blancas ovas y de espuma verde,   25
Resiste obedeciendo, y tierra pierde.
En la incierta ribera,
Guarnición desigual a tanto espejo,
Descubrió la Alba a nuestro peregrino

Con todo el villanaje ultramarino,   30
Que a la fiesta nupcial, de verde tejo
Toldado, ya capaz tradujo pino.
Los escollos el Sol rayaba, cuando
Con remos gemidores
Dos pobres se aparecen pescadores,   35
Nudos al mar de cáñamo fiando.
Ruiseñor en los bosques no más blando
El verde robre, que es barquillo ahora,
Saludar vio la Aurora,
Que al uno en dulces quejas, y no pocas,   40
Ondas endurecer, liquidar rocas.
Señas mudas la dulce voz doliente
Permitió solamente
A la turba, que dar quisiera voces
A la que de un ancón segunda haya,   45
Cristal pisando azul con pies veloces,
Salió improvisa, de una y otra playa
Vínculo desatado, instable puente.
La prora diligente
No solo dirigió a la opuesta orilla,   50
Mas redujo la música barquilla,
Que en dos cuernos del mar caló no breves
Sus plomos graves y sus corchos leves.
Los senos ocupó del mayor leño
La marítima tropa,   55
Usando al entrar todos
Cuantos les enseñó corteses modos
En la lengua del agua ruda escuela,
Con nuestro forastero, que la popa
Del canoro escogió bajel pequeño.   60
Aquél, las ondas escarchando, vuela;

éste, con perezoso movimiento,
El mar encuentra, cuya espuma cana
Su parda aguda prora
Resplandeciente cuello   65
Hace de augusta Coya peruana,
A quien hilos el Sur tributó ciento
De perlas cada hora.
Lágrimas no enjugó más de la Aurora
Sobre víolas negras la mañana,   70
Que arrolló su espolón con pompa vana
Caduco aljófar, pero aljófar bello.
Dando el huésped licencia para ello,
Recurren no a las redes que, mayores,
Mucho Océano y pocas aguas prenden,   75
Sino a las que ambiciosas menos penden,
Laberinto nudoso, de marino
Dédalo, si de leño no, de lino
Fábrica escrupulosa, y aunque incierta,
Siempre murada, pero siempre abierta.   80
Liberalmente de los pescadores
Al deseo el estero corresponde,
Sin valelle al lascivo ostión el justo
Arnés de hueso, donde
Lisonja breve al gusto,   85
Mas incentiva, esconde;
Contagio original quizá de aquella
Que, siempre hija bella
De los cristales, una
Venera fue su cuna.   90
Mallas visten de cáñamo al lenguado,
Mientras, en su piel lúbrica fiado
El congrio, que viscosamente liso

Las telas burlar quiso,
Tejido en ellas se quedó burlado.   95
Las redes califica menos gruesas,
Sin romper hilo alguno,
Pompa el salmón de las reales mesas,
Cuando no de los campos de Neptuno,
Y el travieso robalo,   100
Guloso de los cónsules regalo.
Éstos y muchos más, unos desnudos,
Otros de escamas fáciles armados,
Dio la ría pescados,
Que, nadando en un piélago de nudos,   105
No agravan poco al negligente robre,
Espaciosamente dirigido
Al bienaventurado albergue pobre,
Que de carrizos frágiles tejido,
Si fabricado no de gruesas cañas,   110
Bóvedas lo coronan de espadañas.
El peregrino pues, haciendo en tanto
Instrumento el bajel, cuerdas los remos,
Al Céfiro encomienda los extremos
Deste métrico llanto: 115
«Si de aire articulado
No son dolientes lágrimas suaves
Estas mis quejas graves,
Voces de sangre, y sangre son del alma.
Fíelas de tu calma,   120
Oh mar, quien otra vez las ha fiado
De tu fortuna aún más que de su hado.
»¡Oh mar, oh tú, supremo
Moderador piadoso de mis daños!
Tuyos serán mis años,   125

En tabla redimidos poco fuerte
De la bebida muerte,
Que ser quiso, en aquel peligro extremo,
Ella el forzado y su guadaña el remo.
»Regiones pise ajenas,   130
O clima propio, planta mía perdida,
Tuya será mi vida,
Si vida me ha dejado que sea tuya
Quien me fuerza a que huya
De su prisión, dejando mis cadenas   135
Rastro en tus ondas más que en tus arenas.
»Audaz mi pensamiento
El Cenit escaló, plumas vestido,
Cuyo vuelo atrevido,
Si no ha dado su nombre a tus espumas,   140
De sus vestidas plumas
Conservarán el desvanecimiento
Los anales diáfanos del viento.
»Esta pues culpa mía
El timón alternar menos seguro   145
Y el báculo más duro
Un lustro ha hecho a mi dudosa mano,
Solicitando en vano
Las alas sepultar de mi osadía
Donde el Sol nace o donde muere el día.   150
»Muera, enemiga amada,
Muera mi culpa, y tu desdén le guarde,
Arrepentido tarde,
Suspiro que mi muerte haga leda,
Cuando no le suceda,   155
O por breve, o por tibia, o por cansada,
Lágrima antes enjuta que llorada.

»Naufragio ya segundo,
O filos pongan de homicida hierro
Fin duro a mi destierro;   160
Tan generosa fe, no fácil onda,
No poca tierra esconda:
Urna suya el Océano profundo,
Y obeliscos los montes sean del mundo.
»Túmulo tanto debe   165
Agradecido Amor a mi pie errante;
Líquido pues diamante
Calle mis huesos, y elevada cima
Selle sí, mas no oprima
Esta que le fiaré ceniza breve,   170
Si hay ondas mudas y si hay tierra leve.»
No es sordo el mar (la erudición engaña),
Bien que tal vez, sañudo,
No oya al piloto, o le responda fiero;
Sereno, disimula más orejas   175
Que sembró dulces quejas,
Canoro labrador, el forastero
En su undosa campaña.
Espongioso pues se bebió y mudo
El lagrimoso reconocimiento,   180
De cuyos dulces números no poca
Concentuosa suma
En los dos giros de invisible pluma
Que fingen sus dos alas, hurtó el viento;
Eco, vestida una cavada roca,   185
Solicitó curiosa y guardó avara
La más dulce, si no la menos clara
Sílaba, siendo en tanto
La vista de las chozas fin del canto.

Yace en el mar, si no continuada   190
Isla mal de la tierra dividida,
Cuya forma tortuga es perezosa;
Díganlo cuantos siglos ha que nada
Sin besar de la playa espaciosa
La arena de las ondas repetida.   195
A pesar pues del agua que la oculta,
Concha, si mucha no, capaz ostenta
De albergues, donde la humildad contenta
Mora, y Pomona se venera culta.
Dos son las chozas, pobre su artificio,   200
Más aún que caduca su materia:
De los mancebos dos, la mayor, cuna;
De las redes la otra y su ejercicio
Competente oficina.
Lo que agradable más se determina   205
Del breve islote ocupa su fortuna,
Los extremos de fausto y de miseria
Moderando. En la plancha los recibe
El padre de los dos, émulo cano
Del sagrado Nereo, no ya tanto   210
Porque a la par de los escollos vive,
Porque en el mar preside comarcano
Al ejercicio piscatorio, cuanto
Por seis hijas, por seis deidades bellas,
Del cielo espumas y del mar estrellas.   215
Acogió al huésped con urbano estilo,
Y a su voz, que los juncos obedecen,
Tres hijas suyas cándidas le ofrecen,
Que engaños construyendo están de hilo.
El huerto le da esotras, a quien debe,   220
Si púrpura la rosa, el lilio nieve.

De jardín culto así en fingida gruta
Salteó al labrador pluvia improvisa
De cristales inciertos, a la seña,
O a la que torció llave el fontanero;   225
Urna de Acuario la imitada peña,
Le embiste incauto; y si con pie grosero
Para la fuga apela, nubes pisa,
Burlándolo aun la parte más enjuta.
La vista saltearon poco menos   230
Del huésped admirado
Las no líquidas perlas, que al momento
A los corteses juncos (porque el viento
Nudos les halle un día, bien que ajenos)
El cáñamo remiten anudado,   235
Y de Vertumno al término labrado
El breve hierro, cuyo corvo diente
Las plantas le mordía cultamente.
Ponderador saluda afectuoso
Del esplendor que admira el extranjero   240
Al Sol, en seis luceros dividido;
Y, honestamente al fin correspondido
Del coro vergonzoso,
Al viejo sigue, que prudente ordena
Los términos confunda de la cena   245
La comida prolija de pescados,
Raros, muchos, y todos no comprados.
Impidiéndole el día al forastero,
Con dilaciones sordas, le divierte
Entre unos verdes carrizales, donde   250
Armonioso número se esconde
De blancos cisnes, de la misma suerte
Que gallinas domésticas al grano,

A la voz concurrientes del anciano.
En la más seca, en la más limpia anea   255
Vivificando están muchos sus huevos,
Y mientras dulce aquél su muerte anuncia
Entre la verde juncia,
Sus pollos éste al mar conduce nuevos,
De Espío y de Nesea   260
(Cuanto más escurecen las espumas)
Nevada invidia sus nevadas plumas.
Hermana de Faetón, verde el cabello,
Les ofrece el que, joven ya gallardo,
De flexuosas mimbres garbín pardo   265
Tosco le ha encordonado, pero bello.
Lo más liso trepó, lo más sublime
Venció su agilidad, y artificiosa
Tejió en sus ramas inconstantes nidos,
Donde celosa arrulla y ronca gime   270
La ave lasciva de la cipria diosa.
Mástiles coronó menos crecidos
Gavia no tan capaz; extraño todo,
El designio, la fábrica y el modo.
A pocos pasos le admiró no menos   275
Montecillo, las sienes laureado,
Traviesos despidiendo moradores
De sus confusos senos,
Conejuelos que (el viento consultado)
Salieron retozando a pisar flores;   280
El más tímido, al fin, más ignorante
Del plomo fulminante.
Cóncavo fresno, a quien gracioso indulto
De su caduco natural permite
Que a la encina vivaz robusto imite,   285

Y hueco exceda al alcornoque inculto,
Verde era pompa de un vallete oculto,
Cuando frondoso alcázar no de aquella
Que sin corona vuela y sin espada,
Susurrante amazona, Dido alada,   290
De ejército más casto, de más bella
República, ceñida en vez de muros
De cortezas; en esta pues Cartago
Reina la abeja, oro brillando vago,
O el jugo beba de los aires puros,   295
O el sudor de los cielos, cuando liba
De las mudas estrellas la saliva;
Burgo eran suyo el tronco informe, el breve
Corcho, y moradas pobres sus vacíos,
Del que más solicita los desvíos   300
De la isla, plebeyo enjambre leve.
Llegaron luego donde al mar se atreve,
Si promontorio no, un cerro elevado,
De cabras estrellado,
Iguales, aunque pocas,   305
A la que, imagen décima del cielo,
Flores su cuerno es, rayos su pelo.
«Éstas, dijo el isleño venerable,
Y aquéllas, que pendientes de las rocas,
Tres o cuatro desean para ciento   310
(Redil las ondas y pastor el viento),
Libres discurren, su nocivo diente
Paz hecha con las plantas inviolable.»
Estimando seguía el peregrino
Al venerable isleño,   315
De muchos pocos numeroso dueño,
Cuando los suyos enfrenó de un pino

El pie villano, que groseramente
Los cristales pisaba de una fuente.
Ella pues sierpe, y sierpe al fin pisada,   320
Aljófar vomitando fugitivo
En lugar de veneno,
Torcida esconde, ya que no enroscada,
Las flores que de un parto dio lascivo
Aura fecunda al matizado seno   325
Del huerto, en cuyos troncos se desata
De las escamas que vistió de plata.
Seis chopos, de seis yedras abrazados,
Tirsos eran del griego dios, nacido
Segunda vez, que en pámpanos desmiente   330
Los cuernos de su frente;
Y cual mancebos tejen anudados
Festivos corros en alegre ejido,
Coronan ellos el encanecido
Suelo de lilios, que en fragantes copos   335
Nevó el Mayo, a pesar de los seis chopos.
Este sitio las bellas seis hermanas
Escogen, agraviando
En breve espacio mucha Primavera
Con las mesas, cortezas ya livianas   340
Del árbol que ofreció a la edad primera
Duro alimento, pero sueño blando.
Nieve hilada, y por sus manos bellas
Caseramente a telas reducida,
Manteles blancos fueron.   345
Sentados pues sin ceremonias, ellas
En torneado fresno la comida
Con silencio sirvieron.
Rompida el agua en las menudas piedras,

Cristalina sonante era tiorba,   350
Y las confusamente acordes aves,
Entre las verdes roscas de las yedras,
Muchas eran, y muchas veces nueve
Aladas musas, que de pluma leve
Engañada su culta lira corva,   355
Metros inciertos sí, pero suaves,
En idiomas cantan diferentes,
Mientras, cenando en pórfidos lucientes,
Lisonjean apenas
Al Júpiter marino tres sirenas.   360
Comieron pues, y rudamente dadas
Gracias el pescador a la divina
Próvida mano: «¡Oh bien vividos años!
¡Oh canas, dijo el huésped, no peinadas
Con boj dentado o con rayada espina,   365
Sino con verdaderos desengaños!
Pisad dichoso esta esmeralda bruta,
En mármol engastada siempre undoso,
Jubilando la red en los que os restan
Felices años, y la humedecida,   370
O poco rato enjuta,
Próxima arena de esa opuesta playa,
La remota Cambaya
Sea de hoy más a vuestro leño ocioso;
Y el mar que os la divide, cuanto cuestan   375
Océano importuno
A las Quinas, del viento aun veneradas,
Sus ardientes veneros,
Su esfera lapidosa de luceros.
Del pobre albergue a la barquilla pobre,   380
Geómetra prudente, el orbe mida

Vuestra planta, impedida,
Si de purpúreas conchas no istriadas,
De trágicas ruinas de alto robre,
Que, el tridente acusando de Neptuno,   385
Menos quizá dio astillas
Que ejemplos de dolor a estas orillas».
«Días ha muchos, oh mancebo —dijo
El pescador anciano—,
Que en el uno cedí y el otro hermano   390
El duro remo, el cáñamo prolijo;
Muchos ha dulces días
Que cisnes me recuerdan a la hora
Que, huyendo la Aurora
Las canas de Titón, halla las mías,   395
A pesar de mi edad, no en la alta cumbre
De aquel morro difícil (cuyas rocas
Tarde o nunca pisaron cabras pocas,
Y milano venció con pesadumbre),
Sino desotro escollo al mar pendiente,   400
De donde ese teatro de Fortuna
Descubro, ese voraz, ese profundo
Campo ya de sepulcros, que sediento,
Cuanto en vasos de abeto Nuevo Mundo,
Tributos digo américos, se bebe   405
En túmulos de espuma paga breve.
Bárbaro observador, mas diligente,
De las inciertas formas de la Luna,
A cada conjunción su pesquería,
Y a cada pesquería su instrumento,   410
Más o menos nudoso, atribuido,
Mis hijos dos en un batel despido,
Que, el mar cribando en redes no comunes,

Vieras intempestivos algún día
(Entre un vulgo nadante, digno apenas   415
De escama, cuanto más de nombre) atunes
Vomitar ondas y azotar arenas.
Tal vez desde los muros destas rocas
Cazar a Tetis veo,
Y pescar a Diana en dos barquillas;   420
Náuticas venatorias maravillas
De mis hijas oirás, ambiguo coro,
Menos de aljaba que de red armado,
De cuyo, si no alado,
Arpón vibrante, supo mal Proteo   425
En globos de agua redimir sus focas.
Torpe la más veloz, marino toro,
Torpe, mas toro al fin, que, el mar violado
De la púrpura viendo de sus venas,
Bufando mide el campo de las ondas   430
Con la animosa cuerda, que prolija
Al hierro sigue que en la foca huye,
O grutas ya la privilegien hondas,
O escollos desta isla divididos.
Láquesis nueva mi gallarda hija,   435
Si Cloto no de la escamada fiera,
Ya hila, ya devana su carrera,
Cuando desatinada pide, o cuando
Vencida restituye
Los términos de cáñamo pedidos.   440
Rindiose al fin la bestia, y las almenas
De las sublimes rocas salpicando,
Las peñas embistió, peña escamada,
En ríos de agua y sangre desatada.
Éfire luego, la que en el torcido   445

Luciente nácar te sirvió no poca
Risueña parte de la dulce fuente
(De Filódoces émula valiente,
Cuya asta breve desangró la foca),
El cabello en estambre azul cogido,   450
Celoso alcaide de sus trenzas de oro,
En segundo bajel se engolfó sola.
¡Cuántas voces le di! ¡Cuántas (en vano)
Tiernas derramé lágrimas, temiendo,
No al fiero tiburón, verdugo horrendo   455
Del náufrago ambicioso mercadante,
Ni al otro cuyo nombre
Espada es tantas veces esgrimida
Contra mis redes ya, contra mi vida,
Sino algún siempre verde, siempre cano   460
Sátiro de las aguas, petulante
Violador del virginal decoro,
Marino dios que, el vulto feroz hombre,
Corvo es delfín la cola!
Sorda a mis voces pues, ciega a mi llanto, 465
Abrazado, si bien de fácil cuerda,
Un plomo fió grave a un corcho leve,
Que algunas veces despedido cuanto
(Penda o nade) la vista no le pierda,
El golpe solicita, el bulto mueve   470
Prodigiosos moradores ciento
Del líquido elemento.
Láminas uno de viscoso acero,
Rebelde aun al diamante, el duro lomo
Hasta el luciente bipartido extremo   475
De la cola vestido,
Solicitado sale del ruido,

Y, al cebarse en el cómplice ligero
Del suspendido plomo,
Éfire, en cuya mano al flaco remo   480
Un fuerte dardo había sucedido,
De la mano a las ondas gemir hizo
El aire con el fresno arrojadizo;
De las ondas al pez, con vuelo mudo,
Deidad dirigió amante el hierro agudo;   485
Entre una y otra lámina, salida
La sangre halló por do la muerte entrada.
Onda pues sobre onda levantada,
Montes de espuma concitó herida
La fiera, horror del agua, cometiendo   490
Ya a la violencia, ya a la fuga el modo
De sacudir el asta,
Que, alterando el abismo o discurriendo
El océano todo,
No perdona el acero que la engasta.   495
Éfire en tanto al cáñamo torcido
El cabo rompió, y bien que al ciervo herido
El can sobra, siguiéndole la flecha.
Volvíase, mas no muy satisfecha,
Cuando cerca de aquel peinado escollo   500
Hervir las olas vio templadamente,
Bien que haciendo círculos perfectos;
Escogió pues, de cuatro o cinco abetos,
El de cuchilla más resplandeciente,
Que atravesado remolcó un gran sollo.   505
Desembarcó triunfando,
Y aun el siguiente Sol no vimos, cuando
En la ribera vimos convecina
Dado al través el monstro, donde apenas

Su género noticia, pías arenas   510
En tanta playa halló tanta ruina.»
Aura en esto marina
El discurso y el día juntamente
(Trémula, si veloz) les arrebata,
Alas batiendo líquidas, y en ellas   515
Dulcísimas querellas
De pescadores dos, de dos amantes
En redes ambos y en edad iguales.
Dividiendo cristales,
En la mitad de un óvalo de plata,   520
Venía al tiempo el nieto de la espuma
Que los mancebos daban alternantes
Al viento quejas. Órganos de pluma,
Aves digo de Leda,
Tales no oyó el Caístro en su arboleda,   525
Tales no vio el Meandro en su corriente.
Inficionando pues suavemente
Las ondas el Amor, sus flechas remos,
Hasta donde se besan los extremos
De la isla y del agua no los deja.   530
Lícidas, gloria en tanto
De la playa, Micón de sus arenas,
Invidia de sirenas,
Convocación su canto
De músicos delfines, aunque mudos,   535
En número no rudos
El primero se queja
De la culta Leucipe,
Décimo esplendor bello de Aganipe,
De Cloris el segundo,   540
Escollo de cristal, meta del mundo.

Lícidas   «¿A qué piensas, barquilla,
           Pobre ya cuna de mi edad primera,
           Que cisne te conduzgo a esta ribera?
           A cantar dulce, y a morirme luego;   545
           Si te perdona el fuego
           Que mis huesos vinculan, en su orilla
           Tumba te bese el mar, vuelta la quilla.»

Micón   «Cansado leño mío,
           Hijo del bosque y padre de mi vida,   550
           De tus remos ahora conducida
           A desatarse en lágrimas cantando,
           El doliente, si blando,
           Curso del llanto métrico te fío,
           Nadante urna de canoro río.»   555

Lícidas   «Las rugosas veneras,
           Fecundas no de aljófar blanco el seno,
           Ni del que enciende el mar tirio veneno,
           Entre crespos buscaba caracoles,
           Cuando de tus dos soles   560
           Fulminado ya, señas no ligeras
           De mis cenizas dieron tus riberas.»

Micón   «Sabía apenas
           El menor leño de la mayor urca
           Que velera un Neptuno y otro surca,   565
           Y tus prisiones ya arrastraba graves;
           Si dudas lo que sabes,
           Lee cuanto han impreso en tus arenas,
           A pesar de los vientos, mis cadenas.»

Lícidas   «Las que el cielo mercedes   570
           Hizo a mi forma, ¡oh dulce mi enemiga!,
           Lisonja no, serenidad lo diga
           De limpia cosultada ya laguna,
           Y los de mi fortuna
           Privilegios, el mar, a quien di redes   575
           Más que a la selva lazos Ganimedes.»

Micón   «No ondas, no luciente
           Cristal, agua al fin dulcemente dura,
           Invidia califique mi figura
           De musculosos jóvenes desnudos.   580
           Menos dio al bosque nudos
           Que yo al mar, el que a un dios hizo valiente
           Mentir cerdas, celoso espumar diente.»

Lícidas   «Cuantos pedernal duro
           Bruñe nácares boto, agudo raya   585
           En la oficina undosa desta playa,
           Tantos Palemo a su Licote bella
           Suspende, y tantos ella
           Al flaco da, que me construyen muro,
           Junco frágil, carrizo mal seguro.»   590

Micón   «Las siempre desiguales
           Blancas primero ramas, después rojas,
           Del árbol que nadante ignoró hojas,
           Trompa Tritón del agua a la alta gruta
           De Nísida tributa,   595
           Ninfa por quien lucientes son corales
           Los rudos troncos hoy de mis umbrales.»

Lícidas   «Esta en plantas no escrita,
           En piedras sí, firmeza honre Himeneo,
           Calzándole talares mi deseo,   600
           Que el tiempo vuela. Goza pues ahora
           Los lilios de tu aurora,
           Que al tramontar del Sol mal solicita
           Abeja aun negligente flor marchita.»

Micón   «Si fe tanta no en vano   605
           Desafía las rocas donde impresa
           Con labio alterno mucho mar la besa,
           Nupcial la califique tea luciente.
           Mira que la edad miente,
           Mira que del almendro más lozano   610
           Parca es interior breve gusano.»
           Invidia convocaba, si no celo,
           Al balcón de zafiro
           Las claras, aunque etíopes, estrellas
           Y las Osas dos bellas,   615
           Sediento siempre tiro
           Del carro, perezoso honor del cielo;
           Mas, ¡ay!, que del ruido
           De la sonante esfera
           A la una luciente y otra fiera   620
           El piscatorio cántico impedido,
           Con las prendas bajaran de Cefeo
           A las vedadas ondas,
           Si Tetis no, desde sus grutas hondas,
           Enfrenara el deseo.   625
           ¡Oh, cuánta al peregrino el amebeo
           Alterno canto dulce fue lisonja!

¿Qué mucho, si avarienta ha sido esponja
Del néctar numeroso
El escollo más duro?   630
¿Qué mucho, si el candor bebió ya puro
De la virginal copia, en la armonía,
El veneno del ciego ingenioso
Que dictaba los números que oía?
Generosos afectos de una pía   635
Doliente afinidad, bien que amorosa
Por bella más, por más divina parte,
Solicitan su pecho a que, sin arte
De colores prolijos,
En oración impetre oficiosa   640
Del venerable isleño
Que admita yernos los que el trato hijos
Litoral hizo, aún antes
Que el convecino ardor dulces amantes.
Concediolo risueño,   645
Del forastero agradecidamente
Y de sus propios hijos abrazado.
Mercurio destas nuevas diligente,
Coronados traslada de favores
De sus barcas Amor los pescadores   650
Al flaco pie del suegro deseado.
¡Oh, del ave de Júpiter vendado
Pollo, si alado no lince sin vista,
Político rapaz, cuya prudente
Disposición especuló Estadista   655
Clarísimo ninguno
De los que el Reino muran de Neptuno!
¡Cuán dulces te adjudicas ocasiones
Para favorecer, no a dos supremos

De los volubles polos ciudadanos,   660
Sino a dos entre cáñamo garzones!
¿Por qué? Por escultores quizá vanos
De tantos de tu madre bultos canos
Cuantas al mar espumas dan sus remos.
Al peregrino por tu causa vemos   665
Alcázares dejar, donde, excedida
De la sublimidad la vista, apela
Para su hermosura,
En que la arquitectura
A la geometría se rebela,   670
Jaspes calzada y pórfidos vestida.
Pobre choza, de redes impedida,
Entra ahora, ¡y lo dejas!
Vuela, rapaz, y (plumas dando a quejas)
Los dos reduce al uno y otro leño,   675
Mientras perdona tu rigor al sueño.
Las horas ya, de números vestidas,
Al bayo, cuando no esplendor overo
Del luminoso tiro, las pendientes
Ponían de crisólitos lucientes,   680
Coyundas impedidas,
Mientras de su barraca el extranjero
Dulcemente salía despedido
A la barquilla, donde le esperaban
A un remo cada joven ofrecido.   685
Dejaron pues las azotadas rocas,
Que mal las ondas lavan
Del livor aún purpúreo de las focas,
Y de la firme tierra el heno blando
Con las palas segando,   690
En la cumbre modesta

De una desigualdad del horizonte,
Que deja de ser monte
Por ser culta floresta,
Antiguo descubrieron blanco muro,   695
Por sus piedras no menos
Que por su edad majestuosa cano;
Mármol, al fin, tan por lo pario puro,
Que al peregrino sus ocultos senos
Negar pudiera en vano.   700
Cuantas del océano
El Sol trenzas desata
Contaba en los rayados capiteles,
Que, espejos, aunque esféricos, fieles,
Bruñidos eran óvalos de plata.   705
La admiración que al arte se le debe,
áncora del batel fue, perdonando
Poco a lo fuerte, y a lo bello nada
Del edificio, cuando
Ronca los saltcó trompa sonantc,   710
Al principio distante,
Vecina luego, pero siempre incierta.
Llave de la alta puerta
El duro son, vencido el foso breve,
Levadiza ofreció puente no leve,   715
Tropa inquieta contra el aire armada,
Lisonja, si confusa, regulada
Su orden de la vista, y del oído
Su agradable ruido.
Verde, no mudo coro   720
De cazadores era,
Cuyo número indigna la ribera.
Al Sol levantó apenas la ancha frente

El veloz hijo ardiente
Del céfiro lascivo,   725
Cuya fecunda madre al genitivo
Soplo vistiendo miembros, Guadalete
Florida ambrosía al viento dio jinete,
Que a mucho humo abriendo
La fogosa nariz, en un sonoro   730
Relincho y otro saludó sus rayos.
Los overos, si no esplendores bayos,
Que conducen el día,
Le responden, la eclíptica ascendiendo.
Entre el confuso pues celoso estruendo   735
De los caballos, ruda hace armonía
Cuanta la generosa cetrería,
Desde la Mauritania a la Noruega,
Insidia ceba alada,
Sin luz, no siempre ciega,   740
Sin libertad, no siempre aprisionada,
Que a ver el día vuelve
Las veces que, en fiado al viento dada,
Repite su prisión y al viento absuelve.
El neblí, que relámpago su pluma,   745
Rayo su garra, su ignorado nido
O lo esconde el Olimpo, o densa es nube
Que pisa, cuando sube
Tras la garza, argentada el pie de espuma;
El Sacre, las del Noto alas vestido,   750
Sangriento chipriota, aunque nacido
Con las palomas, Venus, de tu carro;
El gerifalte, escándalo bizarro
Del aire, honor robusto de Gelanda,
Si bien jayán de cuanto rapaz vuela,   755

Corvo acero su pie, flaca pihuela
De piel lo impide blanda;
El Baharí, a quien fue en España cuna
Del Pirineo la ceniza verde,
O la alta basa que el océano muerde   760
De la Egipcia coluna;
La delicia volante
De cuantos ciñen líbico turbante,
El Borní, cuya ala
En los campos tal vez de Meliona   765
Galán siguió valiente, fatigando
Tímida liebre, cuando
Intempestiva salteó leona
La melionesa gala,
Que de trágica escena   770
Mucho teatro hizo poca arena.
Tú, infestador en nuestra Europa nuevo
De las aves, nacido, Aleto, donde
Entre las conchas hoy del Sur esconde
Sus muchos años Febo,   775
¿debes por dicha cebo?
¿Templarte supo, di, bárbara mano
Al insultar los aires? Yo lo dudo,
Que al preciosamente Inca desnudo
Y al de plumas vestido Mexicano,   780
Fraude vulgar, no industria generosa,
Del águila les dio a la mariposa.
De un mancebo serrano
El duro brazo débil hace junco,
Examinando con el pico adunco   785
Sus pardas plumas, el Azor britano,
Tardo, mas generoso,

Terror de tu sobrino ingenioso,
Ya invidia tuya, Dédalo, ave ahora,
Cuyo pie tiria púrpura colora.   790
Grave de perezosas plumas globo,
Que a luz lo condenó incierta la ira
Del bello de la Estigia deidad robo,
Desde el guante hasta el hombro a un joven
cela;
Esta emulación pues de cuanto vuela   795
Por dos topacios bellos con que mira,
Término torpe era
De pompa tan ligera.
Can de lanas prolijo (que animoso
Buzo será, bien de profunda ría,   800
Bien de serena playa,
Cuando la fulminada prisión caya
Del neblí, a cuyo vuelo
Tan vecino a su cielo
El cisne perdonara, luminoso)   805
Número y confusión gimiendo hacía
En la vistosa laja, para él grave,
Que aun de seda no hay vínculo suave.
En sangre claro y en persona augusto,
Si en miembros no robusto,   810
Príncipe les sucede, abreviada
En modestia civil real grandeza.
La espumosa del Betis ligereza
Bebió no solo, mas la desatada
Majestad en sus ondas, el luciente   815
Caballo, que colérico mordía
El oro que suave lo enfrenaba,
Arrogante, y no ya por las que daba

Estrellas su cerúlea piel al día,
Sino por lo que siente   820
De esclarecido, y aun de soberano,
En la rienda que besa la alta mano
De cetro digna. Lúbrica no tanto
Culebra se desliza tortuosa
Por el pendiente calvo escollo, cuanto   825
La escuadra descendía presurosa
Por el peinado cerro a la campaña,
Que al mar debe, con término prescripto,
Más sabandijas de cristal que a Egipto
Horrores deja el Nilo que lo baña.   830
Rebelde Ninfa, humilde ahora caña,
Las márgenes oculta
De una laguna breve,
A quien doral consulta
Aun el copo más leve   835
De su volante nieve.
Ocioso pues, o de su fin presago,
Los filos con el pico prevenía
De cuanto sus dos alas aquel día
Al viento esgrimirán cuchillo vago.   840
La turba aun no del apacible lago
Las orlas inquieta,
Que tímido perdona a sus cristales
El doral. Despedida no saeta
De nervios partos igualar presuma   845
Sus puntas desiguales,
Que en vano podrá pluma
Vestir un leño como viste un ala.
Puesto en tiempo, corona, si no escala,
Las nubes, desmintiendo   850

Su libertad el grillo torneado
Que en sonoro metal lo va siguiendo,
Un baharí templado,
A quien el mismo escollo
(A pesar de sus pinos eminente)			855
El primer vello le concedió pollo,
Que al Betis las primeras ondas fuente.
No solo, no, del pájaro pendiente
Las caladas registra el peregrino,
Mas del terreno cuenta cristalino			860
Los juncos más pequeños,
Verdes hilos de aljófares risueños.
Rápido al Español alado mira
Peinar el aire por cardar el vuelo,
Cuya vestida nieve anima un hielo			865
Que torpe a unos carrizos lo retira,
Infieles por raros,
Si firmes no por trémulos reparos.
Penetra pues sus inconstantes senos,
Estimándolos menos			870
Entredichos que el viento;
Mas a su daño el escuadrón atento
Expulso lo remite a quien en suma
Un grillo y otro enmudeció en su pluma.
Cobrado el baharí, en su propio luto			875
O el insulto acusaba precedente,
O entre la verde hierba
Avara escondia cuerva
Purpúreo caracol, émulo bruto
Del rubí más ardiente,			880
Cuando, solicitada del ruido,
El nácar a las flores fía torcido,

Y con siniestra voz convoca cuanta
Negra de cuervas suma
Infamó la verdura con su pluma,   885
Con su número el Sol. En sombra tanta
Alas desplegó Ascálafo prolijas,
Verde poso ocupando,
Que de césped ya blando,
Jaspe lo han hecho duro blancas guijas.   890
Más tardó en desplegar sus plumas graves
El deforme fiscal de Proserpina,
Que en desatarse, al polo ya vecina,
La disonante niebla de las aves;
Diez a diez se calaron, ciento a ciento,   895
Al oro intuitivo, invidiado
Deste género alado,
Si como ingrato no, como avariento,
Que a las estrellas hoy del firmamento
Se atreviera su vuelo,   900
En cuanto ojos del cielo.
Poca palestra la región vacía
De tanta invidia era,
Mientras, desenlazado la cimera,
Restituyen el día   905
A un gerifalte, boreal Arpía
Que, despreciando la mentida nube,
A luz más cierta sube,
Cenit ya de la turba fugitiva.
Auxiliar taladra el aire luego   910
Un duro sacre, en globos no de fuego,
En oblicuos sí engaños
Mintiendo remisión a las que huyen,
Si la distancia es mucha

(Griego al fin). Una en tanto, que de arriba 915
Descendió fulminada en poco humo,
Apenas el latón segundo escucha,
Que del inferior peligro al sumo
Apela, entre los trópicos grifaños
Que su eclíptica incluyen, 920
Repitiendo confusa
Lo que tímida excusa.
Breve esfera de viento,
Negra circunvestida piel, al duro
Alterno impulso de valientes palas, 925
La avecilla parece,
En el de muros líquidos que ofrece
Corredor el diáfano elemento
Al gémino rigor, en cuyas alas
Su vista libra toda el extranjero. 930
Tirano el sacre de lo menos puro
Desta primer región, sañudo espera
La desplumada ya, la breve esfera,
Que, a un bote corvo del fatal acero,
Dejó al viento, si no restituido, 935
Heredado en el último graznido.
Destos pendientes agradables casos
Vencida se apeó la vista apenas,
Que del batel, cosido con la playa,
Cuantos da la cansada turba pasos, 940
Tantos en las arenas
El remo perezosamente raya,
A la solicitud de una atalaya
Atento, a quien doctrina ya cetrera
Llamó catarribera. 945
Ruda en esto política, agregados

Tan mal ofrece como construidos
Bucólicos albergues, si no flacas
Piscatorias barracas,
Que pacen campos, que penetran senos,   950
De las ondas no menos
Aquéllos perdonados
Que de la tierra éstos admitidos.
Pollos, si de las propias no vestidos,
De las maternas plumas abrigados,   955
Vecinos eran destas alquerías,
Mientras ocupan a sus naturales
Glauco en las aguas, y en las hierbas Pales.
¡Oh cuántas cometer piraterías
Un corsario intentó y otro volante,   960
Uno y otro rapaz, digo, milano,
Bien que todas en vano,
Contra la infantería, que piante
En su madre se esconde, donde halla
Voz que es trompeta, pluma que es muralla.965
A media rienda en tanto el anhelante
Caballo, que el ardiente sudor niega
En cuantas le densó nieblas su aliento,
A los indignos de ser muros llega
Céspedes, de las ovas mal atados.   970
Aunque ociosos, no menos fatigados,
Quejándose venían sobre el guante
Los raudos torbellinos de Noruega.
Con sordo luego estrépito despliega
(Injuria de la luz, horror del viento)   975
Sus alas el testigo que en prolija
Desconfianza a la sicana diosa
Dejó sin dulce hija,

Y a la estigia Deidad con bella esposa.

1613

Libros a la carta

A la carta es un servicio especializado para
empresas,
librerías,
bibliotecas,
editoriales
y centros de enseñanza;
y permite confeccionar libros que, por su formato y concepción, sirven a los propósitos más específicos de estas instituciones.

Las empresas nos encargan ediciones personalizadas para marketing editorial o para regalos institucionales. Y los interesados solicitan, a título personal, ediciones antiguas, o no disponibles en el mercado; y las acompañan con notas y comentarios críticos.

Las ediciones tienen como apoyo un libro de estilo con todo tipo de referencias sobre los criterios de tratamiento tipográfico aplicados a nuestros libros que puede ser consultado en Linkgua-ediciones.com.

Linkgua edita por encargo diferentes versiones de una misma obra con distintos tratamientos ortotipográficos (actualizaciones de carácter divulgativo de un clásico, o versiones estrictamente fieles a la edición original de referencia).

Este servicio de ediciones a la carta le permitirá, si usted se dedica a la enseñanza, tener una forma de hacer pública su interpretación de un texto y, sobre una versión digitalizada «base», usted podrá introducir interpretaciones del texto fuente. Es un tópico que los profesores denuncien en clase los desmanes de una edición, o vayan comentando errores de interpretación de un texto y esta es una solución útil a esa necesidad del mundo académico.

Asimismo publicamos de manera sistemática, en un mismo catálogo, tesis doctorales y actas de congresos académicos, que son distribuidas a través de nuestra Web.

El servicio de «libros a la carta» funciona de dos formas.

1. Tenemos un fondo de libros digitalizados que usted puede personalizar en tiradas de al menos cinco ejemplares. Estas personalizaciones pueden ser de todo tipo: añadir notas de clase para uso de un grupo de estudiantes, introducir logos corporativos para uso con fines de marketing empresarial, etc. etc.

2. Buscamos libros descatalogados de otras editoriales y los reeditamos en tiradas cortas a petición de un cliente.

9 788490 071809